¿Quién es
Zendaya?

¿Quién es Zendaya?

Kirsten Anderson

ilustraciones de Manuel Gutierrez

traducción de Yanitzia Canetti

Penguin Workshop

A Zendaya—MG

PENGUIN WORKSHOP
Un sello editorial de Penguin Random House LLC
1745 Broadway, New York, New York 10019

Publicado por primera vez en los Estados Unidos de América en inglés como
Who Is Zendaya? por Penguin Workshop, un sello editorial de
Penguin Random House LLC, 2022
Edición en español publicada por Penguin Workshop, 2025

Traducción al español de Yanitzia Canetti

Visítenos en línea: penguinrandomhouse.com.

Los datos del registro de la Catalogación en la Publicación (CIP) de la Biblioteca del
Congreso están disponibles.

Impreso en los Estados Unidos de América

ISBN 9798217051199   10 9 8 7 6 5 4 3 2 1 CJKW

El representante autorizado en la UE para la seguridad y cumplimiento de este producto es
Penguin Random House Ireland, Morrison Chambers, 32 Nassau Street,
Dublin D02 YH68, Irlanda, https://eu-contact.penguin.ie.

Contenido

¿Quién es Zendaya? 1

Su comienzo en Oakland 5

Shaking It Up 13

Tomar el mando 20

Actriz de cine 27

Euphoria 33

Cronologías 44

Bibliografía 46

¿Quién es Zendaya?

El 20 de septiembre de 2020, Zendaya se sentó con su familia a ver la televisión. Podría haber sido una noche familiar cualquiera. Pero no fue así, esa noche fue especial.

Zendaya llevaba un glamuroso vestido y maquillaje perfecto de estrella de cine. Su cabello estaba recogido en un moño. No era lo que, por lo general, usaría solo para quedarse en casa. Pero tenía una buena razón para estar tan elegante. Era la noche de la 72.ª edición de los premios Emmy. Y Zendaya estaba nominada a mejor actriz principal en una serie dramática por su papel en *Euphoria* de HBO.

Los Emmy son otorgados por la Academia de Artes y Ciencias de la Televisión. Por lo general, se presentan en un gran teatro de Hollywood, con todas las estrellas caminando por una alfombra roja. Pero en el otoño de 2020, la pandemia de COVID-19 aún hacía estragos. Las grandes reuniones en interiores se consideraban inseguras. Así que los nominados al Emmy se arreglaron y vieron la ceremonia desde sus casas. Un mensajero de la entrega de premios esperaba afuera de la casa de cada nominado con la estatuilla del premio. Si el nominado ganaba, el mensajero le entregaba su trofeo. Si perdía, simplemente se iba.

Zendaya no esperaba ganar. Los otros nominados tenían mucha más experiencia que ella. La mayoría de ellos habían ganado otros premios importantes de actuación durante sus carreras. Se sentía honrada de estar en la misma lista que ellos.

Se entregaron muchos premios durante el espectáculo. Los ganadores y los presentadores hicieron bromas y discursos. Finalmente llegó el momento de la categoría de mejor actriz principal.

Las transmisiones en vivo comenzaron desde la casa de cada actor nominado para que la audiencia televisiva pudiera ver sus reacciones en tiempo real. Zendaya se sentó en silencio con su familia mientras el presentador de los Emmy leía el nombre de cada uno de los nominados. Luego, abrió el sobre que contenía el nombre del ganador y dijo: "Y el Emmy es para... Zendaya, por *Euphoria*".

Zendaya gritó asombrada y se tapó la boca con la mano. Su familia comenzó a gritar. Apenas podía creer lo que había escuchado. Pero cuando su asistente le entregó la estatuilla del premio Emmy, supo que era cierto. Y se esperaba que dijera algo.

Recuperó el aliento y se volvió hacia la cámara. "¡Esto es bastante loco!", dijo. Agradeció a su familia y al elenco y equipo del programa. Pero luego les habló a sus fans.

"Sé que este parece un momento realmente

extraño para celebrar, pero solo quiero decir que hay esperanza en los jóvenes que están ahí afuera", dijo... "Y solo quiero decirles a todos mis compañeros que están haciendo el trabajo en las calles: los veo, los admiro, les agradezco, y sí, ¡muchas, muchísimas gracias!".

Zendaya había comenzado como una de las muchas actrices infantiles. Ahora se había convertido en la mujer más joven en ganar uno de los premios de actuación más importantes de Hollywood. En su trayectoria, ha sido cantante, bailarina, escritora, ícono de la moda y portavoz de los afroamericanos. Pero sobre todo siempre ha sido fiel a sí misma.

Y todo comenzó con una niña tímida que veía programas de Disney Channel y pensó: "Yo podría hacer eso...".

CAPÍTULO 1
Su comienzo en Oakland

Zendaya Maree Stoermer Coleman nació el 1 de septiembre de 1996 en Oakland, California. Su nombre está inspirado en la palabra *tendai*

del dialecto shona, hablado en Zimbabue, que significa 'dar gracias'. Su madre, Claire Stoermer, es de origen alemán y escocés. El padre de Zendaya, Kazembe Ajamu, nació como Samuel David Coleman, pero cambió su nombre en honor a sus raíces africanas. Cuando Zendaya nació, ya él tenía cinco hijos de otro matrimonio. Aunque sus hermanos son mucho mayores, siempre han sido una parte importante de la vida de Zendaya.

Los padres de Zendaya eran maestros, pero trabajaban en dos escuelas muy diferentes. Su padre enseñaba en una escuela privada a la que Zendaya asistió durante la primaria. Muchos estudiantes eran adinerados. Y Zendaya era una de las pocas estudiantes negras. Pero todo era muy diferente en la escuela pública donde su madre enseñaba. Algunos estudiantes eran inmigrantes. Algunos pertenecían a familias muy pobres. Zendaya vio cuán diferentes podían ser las oportunidades para los niños, aunque no vivieran tan lejos unos de otros. "Tuve la suerte de ir a una escuela privada que ofrecía cursos y actividades de informática", dijo a la revista *Essence*. "Cuando era niña, podía ver claramente que la escuela pública donde mi mamá enseñaba no tenía los mismos recursos ni por asomo".

Zendaya era una niña muy tímida y callada. No hablaba nada en el jardín infantil. Sus padres decidieron que repitiera el grado. Esperaban que eso le diera la oportunidad de ponerse al día socialmente con otros niños.

Al principio, parecía que Zendaya sería deportista. Sus padres habían jugado al baloncesto y Zendaya se interesó por este a una edad temprana. Le encantaba el juego y también era buena en este deporte.

Pero ya tenía la mente en otra cosa. Como muchos niños, Zendaya disfrutaba de los programas de Disney Channel. Mientras observaba a los jóvenes actores cantar y bailar, pensaba que le gustaría hacer lo mismo. Cuando tenía seis años, tuvo su primera oportunidad de actuar. Cantó con su padre en un evento escolar. Su voz era fuerte y todos quedaron impresionados.

La madre de Zendaya tenía un trabajo de verano como administradora de la casa del California Shakespeare Theater. Cuando Zendaya tenía siete años, ayudaba a su madre en el teatro. Repartía los programas a los espectadores y luego veía los espectáculos. Zendaya estaba encantada con el mundo del teatro. Pasaba horas viendo los largos ensayos y nunca se aburría.

Zendaya se interesó en el baile y se unió al grupo de hiphop Future Shock Oakland cuando estaba en tercer grado. Su madre también la inscribió en clases de teatro en el California Shakespeare. Esperaba que eso ayudara con su timidez. Las clases le enseñaron a Zendaya los conceptos básicos de la actuación. Y llegó a interpretar escenas de obras de Shakespeare, como *Macbeth, As You Like It* y *Richard III*.

Zendaya tomó en serio la actuación. Comenzó a formar parte del elenco de obras de teatro en grandes teatros locales. Trabajó con un instructor de actuación para realizar audiciones importantes. Muy pronto, su padre la llevó a Los Ángeles para hacer una prueba para trabajos profesionales.

Sus primeros trabajos fueron de modelo para tiendas como Old Navy y Macy's y como bailarina

en un video de Kidz Bop. En un comercial de Sears, fue bailarina de apoyo de la estrella de Disney Selena Gomez.

La gente empezó a fijarse en Zendaya. Una directora de casting de Disney Channel llamada Judy Taylor pensó que se destacaba entre los demás niños. "Nunca te cansas de mirarla", dijo Taylor. Cuando Disney comenzó a planear un

nuevo programa sobre bailarines adolescentes en 2009, Taylor recordó a Zendaya.

Más de doscientos jóvenes actores audicionaron para los papeles principales de la serie. Disney siguió trayendo a Zendaya de vuelta para bailar y actuar en más rondas de audiciones.

Finalmente tomaron una decisión. Zendaya y Bella Thorne fueron elegidas para ser las protagonistas de la serie *Shake It Up* (*A todo ritmo*). Zendaya iba a ser una estrella de Disney Channel, tal y como alguna vez lo había soñado. Tenía trece años e iba rumbo al éxito.

CAPÍTULO 2
Shaking It Up

En *Shake It Up*, Zendaya interpretó a Raquel "Rocky" Blue, con Bella Thorne como su mejor amiga, CeCe Jones. Las dos representaron a adolescentes de Chicago que fueron elegidas bailarinas de apoyo en el programa *Shake It Up, Chicago*. Los episodios se centraron en cómo ellas equilibraban sus vidas como bailarinas profesionales con la vida cotidiana en la escuela. En el show, Zendaya pudo demostrar sus habilidades de bailarina y su talento como humorista. Los créditos mostraban su nombre solo como Zendaya. Más tarde expresó en la revista *Allure* que dejó de usar su apellido porque "pensé que era genial, como Cher o Prince".

Hacer *Shake It Up* fue mucho trabajo, pero fue

divertido. Zendaya y Bella pasaron mucho tiempo juntas filmando el programa y tomando clases durante el rodaje. Se hicieron buenas amigas en la vida real, al igual que en la serie.

Lo más duro fue estar lejos de casa. El padre de Zendaya se mudó con ella a Los Ángeles, donde se filmó el show. Pero su madre se quedó en Oakland para conservar su trabajo como maestra. Zendaya era muy cercana a su madre y la extrañaba, y a su perro, Midnight, también.

Shake It Up se estrenó el 7 de noviembre de 2010. Rápidamente se convirtió en uno de los programas más populares de Disney.

Protagonizar *Shake It Up* le brindó más oportunidades a Zendaya. En 2011, lanzó su primer sencillo, "Swag It Out". En 2012, Bella y ella protagonizaron *Frenemies*, una película de Disney Channel. También cantaron juntas para las bandas sonoras de *Shake It Up*.

Shake It Up se extendió por tres temporadas, finalizando en 2013. Zendaya atrajo a muchos fans por su trabajo en la serie. Muchos de ellos sintieron que crecieron con ella.

Zendaya tomó muy en serio a sus fans. Se comunicaba con ellos en las redes sociales y trataba de ser ejemplar. En 2013, publicó un libro de consejos para preadolescentes llamado *Between You and Me: How to Rock Your Tween Years with Style and Confidence*. En el libro, ella respondió preguntas sobre la vida que le habían hecho sus fans en las redes sociales. Ofreció consejos sobre cómo manejar situaciones difíciles en la escuela y cómo ser una buena amiga.

Cuando *Shake It Up* terminó, Zendaya tuvo tiempo para concentrarse en la música. Lanzó otro sencillo, "Replay", en 2013, seguido de su primer álbum de larga duración. Interpretó canciones del álbum en vivo en varios festivales de música durante los siguientes dos años.

Pero eso no fue todo lo que hizo Zendaya en 2013. Ese año, se convirtió en la persona más joven en competir en *Dancing with the Stars!* Aunque Zendaya había bailado mucho, no tenía mucha experiencia en el tipo de baile de salón que es una gran parte del espectáculo. Tuvo que aprender una nueva rutina cada semana y luego presentarla en vivo ante los jueces del programa. Pero trabajó duro y quedó en segundo lugar.

Zendaya actuó en el show como una forma de aprender más sobre sí misma. La experiencia

fue desafiante y aterradora. Dijo que su tiempo en el programa era una forma de salir y hacer algo diferente. Y fue la oportunidad perfecta para mostrar su talento a audiencias más allá de Disney Channel. Zendaya quería que la gente supiera que podía hacer más de lo que los espectadores habían visto en *Shake It Up*.

CAPÍTULO 3
Tomar el mando

En 2013, Disney habló con Zendaya sobre dos nuevos proyectos. Uno de ellos fue la película de Disney Channel llamada *Zapped*. La otra fue la serie *Super Awesome Katy*. En ella, Zendaya interpretaría a una niña llamada Katy que se convierte en espía como los padres de su personaje.

Pero Zendaya tenía otras ideas. Ya no era la niña desconocida que había sido elegida para *Shake It Up*. Ya había cumplido diecisiete años y había demostrado su valía. Tenía algo de poder y quería usarlo para el bien.

Zendaya se reunió con ejecutivos de Disney y pidió ser nombrada productora del show. Un productor puede tomar decisiones sobre un programa de TV o una película. Luego dijo que quería cambiar el nombre de la serie y del personaje. "¿Te parezco una Katy?", preguntó. Tampoco quería que el personaje fuera otra bailarina o cantante. Zendaya sugirió interpretar a una chica que fue entrenada en artes marciales, que era buena en matemáticas y era más torpe que popular. Quería mostrar un tipo de chica diferente a las mostradas en otros programas de Disney.

También quería que el show fuera sobre una familia de las minorías. Ella no había visto muchas familias como la suya en TV cuando era niña. Quería que otros niños afroamericanos vieran a un personaje importante que se pareciera a ellos. Que ellos también podían ser héroes.

Disney aprobó las ideas de Zendaya. El show se convirtió en *K.C. Undercover*. Ella participó en la producción e interpretó a K. C., una adolescente que podía luchar y salir de situaciones difíciles. Su familia era afroamericana. El primer episodio se emitió el 18 de enero de 2015.

Como joven estrella de televisión, Zendaya tuvo muchas oportunidades de ir a grandes eventos y entregas de premios. Siempre le había gustado la moda y vestirse bien. Pensó que era una forma de expresarse y probarse en diferentes estilos y personajes. Todavía se consideraba tímida, pero cuando se puso un atuendo atrevido para una sesión de fotos, se sintió audaz y segura.

En 2011, Zendaya conoció a un estilista de moda llamado Law Roach. A ella le gustaron sus ideas y sintió que él entendía lo que ella quería. Siguieron trabajando juntos, y Zendaya se hizo conocida por su fantástico estilo en la alfombra roja y en las sesiones de fotos.

En febrero de 2015, Zendaya fue invitada a la ceremonia de los Premios de la Academia. Fue la noche de cine y uno de los eventos de moda más importantes del año. A los espectadores les gustaba ver a las estrellas caminar por la alfombra roja con sus atuendos glamorosos.

Zendaya lució un hermoso vestido blanco hecho por un famoso diseñador. Llevaba su cabello peinado en rizos. Todos pensaban que se veía increíble. Pero al día siguiente, una reportera de moda en la TV hizo una broma racista sobre su peinado.

Zendaya estaba enojada y herida. Sabía que el cabello era un tema delicado para las mujeres afroamericanas. Recordó que en la primaria la única ocasión en que alguien le elogiaba su cabello era cuando se lo alisaba. Ahora pensó detenidamente en lo que quería decir. Al día siguiente publicó su respuesta en las redes sociales.

Zendaya escribió sobre todas las personas que conocía y amaba que usaban rizos, incluidos miembros de su familia y otras personas negras talentosas y exitosas. Ella afirmó: "Llevaba mi cabello con rizos en la alfombra roja de los Oscar para mostrarlos de manera positiva, para recordarle a los afroamericanos que nuestro cabello es tan

bueno como cualquier otro. Para mí, los rizos son un símbolo de fuerza y belleza, casi como la melena de un león".

La gente aplaudió la respuesta fuerte y reflexiva de Zendaya. La reportera se disculpó con ella. La compañía de juguetes Mattel decidió hacer una versión de muñeca Barbie de Zendaya con su vestido de los Oscar ¡y sus mechones!

Años después, Zendaya habló sobre ese momento de los Oscar. Dijo que la hizo pensar: "¿Cómo podría tener siempre un impacto duradero sobre lo que la gente ve y asocia a las personas afroamericanas?".

CAPÍTULO 4
Actriz de cine

En 2015, Zendaya se graduó de Oak Park Independent School, una escuela privada que le permitió hacer sus tareas escolares mientras continuaba su carrera. Aún protagonizaba *K.C. Undercover* y participaba en otros proyectos, como actuar en un episodio de la comedia de ABC *black-ish*. Interpretó al personaje Cut-Throat en el video de Taylor Swift para "Bad Blood". En 2016, apareció en el video de Beyoncé "All Night", parte del álbum visual *Lemonade*. Zendaya se sintió honrada por ser incluida con otras jóvenes estrellas afroamericanas, como Amandla Stenberg y Chloe x Halle. En su Instagram, publicó una foto de la grabación del video y escribió: "Una de las cosas más hermosas de las que he tenido el honor de ser parte... Black. Girl. Magic". (La frase se refiere a la excelencia de mujeres negras). En 2016, se convirtió en el rostro de los cosméticos Cover Girl, apareciendo en anuncios impresos y televisivos de la marca.

En 2016, Zendaya hizo una audición para una película de Marvel. La franquicia de Marvel es famosa por sus grandes películas de superhéroes, como la serie *Avengers* y *Captain America*. A Zendaya no le informaron para qué película estaba haciendo la prueba. Pero sus agentes se enteraron de que sería una nueva película de Spider-Man. Ella no sabía mucho sobre su papel. Pensaba que era solo una pequeña parte.

El director, Jon Watts, no la reconoció en la cinta de audición. No llevaba maquillaje y parecía muy diferente a la Zendaya que creía conocer de Disney Channel. A Watts le encantó la audición de Zendaya. En marzo de 2016, Marvel anunció que había sido elegida para

Spider-Man: Homecoming. Ella interpretaría a Michelle, también conocida como MJ. Su personaje era amiga de Peter Parker (Spider-Man), que sería interpretado por Tom Holland. Robert Downey Jr. volvería a aparecer como Tony Stark / Iron Man, uno de los Vengadores.

Antes de que comenzara su trabajo en *Homecoming*, Zendaya audicionó para otra película. *The Greatest Showman* sería protagonizada por Hugh Jackman como P. T. Barnum, el dueño de un circo del siglo xix. Zendaya impresionó al director, Michael Gracey, y a otra de las estrellas, Zac Efron, al grabar su propia versión de "Rewrite the Stars", una de las canciones de la película. Finalmente fue elegida para interpretar a Anne Wheeler, una joven trapecista.

Zendaya filmó *Homecoming* durante el verano de 2016. Muchos de los miembros del elenco tenían casi su edad y pronto se convirtieron

en buenos amigos. Pero en cuanto terminó
Homecoming, Zendaya tuvo que comenzar los
ensayos de *The Greatest Showman*. ¡Y tuvo que
aprender a volar en el trapecio! Por supuesto, tendría
dobles de acción para las partes más difíciles. Pero el
director quería usar a Zendaya para la acción tanto
como fuera posible. Fue un trabajo difícil. Pero
también fue divertido.

El año siguiente fue muy bueno para la joven estrella. En junio de 2017, se estrenó *Spider-Man: Homecoming*. Se convirtió en uno de los mayores éxitos del año. Al público le gustó especialmente la cómica actuación de Zendaya como la sarcástica Michelle.

A finales de 2017 también se estrenó *The Greatest Showman*. Permaneció en los cines durante meses y se convirtió en uno de los musicales de acción real con mayores ingresos de la historia. El dueto de Zendaya con Zac Efron, "Rewrite the Stars", también se convirtió en un éxito.

En 2018, Zendaya supo que HBO planeaba hacer un show llamado *Euphoria*. Se basaba en un drama televisivo israelí sobre estudiantes de secundaria con problemas de salud mental, drogas y muerte. Sam Levinson estuvo a cargo de la versión estadounidense. Se centraba en una chica llamada Rue que luchaba contra la adicción a las drogas y la depresión. Levinson basó la mayor parte de la historia en sus propias experiencias.

Los mánagers de Zendaya no creían que fuera un papel adecuado para ella. Era muy diferente de los otros personajes que había interpretado. Pero a Zendaya le encantó el guion. Quería enfrentarse a desafíos como actriz. Después de filmar *Spider-Man: Far from Home* durante el verano de 2018, Zendaya se puso a trabajar en *Euphoria*.

CAPÍTULO 5
Euphoria

La primera temporada de *Euphoria* se rodó entre octubre de 2018 y mayo de 2019. Después, Zendaya fue elegida para *Dune*, una película épica de ciencia ficción basada en el libro de Frank Herbert. Zendaya interpretaría a Chani, joven misteriosa que vive en un planeta desértico.

Chani era un papel pequeño en la trama de la primera película, pero la segunda ya estaba planeada y en esa el personaje tendría un rol más importante. Y el rodaje fue emocionante. Zendaya pensaba que era genial tener la oportunidad de vestirse como el personaje guerrero en el escenario de rocas gigantes en el desierto. También organizó fiestas para el elenco en su camerino cuando no estaban filmando.

Cuando *Euphoria* se estrenó en HBO en junio de 2019, la gente quedó atónita con la actuación de Zendaya. La conocían como cantante y

bailarina, como la divertida amiga de Spider-Man y como una glamorosa estrella de la moda. Pero como Rue en *Euphoria*, ella demostró que podía

interpretar personajes profundamente emotivos y dramáticos. Ahora era considerada como una de las mejores actrices jóvenes de Hollywood.

Zendaya ya estaba lista para filmar su tercera película de Spider-Man y la secuela de *Dune*. Representó a varias marcas de cosméticos y creó su propia colección de moda con el diseñador Tommy Hilfiger. Otros diseñadores estaban ansiosos porque usara su ropa en sesiones de fotos. Y se estaba preparando para filmar otra temporada de *Euphoria*.

En marzo de 2020, la pandemia de COVID-19 obligó a cancelar todos sus planes de trabajo.

Como todos, tuvo que hacer cuarentena en casa. Intentó diferentes cosas para mantenerse ocupada, como caminar con su perro y pintar. Igual que muchos estadounidenses, se sintió muy herida por los incidentes de violencia contra los afroamericanos ocurridos en 2020 y apoyó a los manifestantes que marchaban por la justicia racial.

Pero Zendaya había estado trabajando casi sin parar desde que tenía trece años. La actuación formó gran parte de su vida. Echaba de menos tener la oportunidad de crear e interpretar nuevos personajes. Mientras hablaba con el creador de *Euphoria*, Sam Levinson, se preguntó si sería posible hacer una pequeña película durante la cuarentena. A Levinson se le ocurrió un guion llamado *Malcolm & Marie*. Fue escrita para solo dos actores y podía filmarse en el mismo lugar con un pequeño equipo.

Zendaya actuó junto a John David Washington. Levinson dirigió. Todos se pusieron en cuarentena juntos en la casa donde filmaron. Filmaron la película en blanco y negro en dos semanas. Zendaya estaba orgullosa de su trabajo en *Malcolm & Marie*. También fue su primer crédito cinematográfico como productora.

A finales de 2020, Zendaya pudo reunirse con sus amigos de Spider-Man para filmar

Spider-Man: No Way Home. Después de eso, comenzó a filmar la segunda temporada de *Euphoria*.

El estreno de *Dune* se había retrasado en los cines por la pandemia de COVID-19. Pero finalmente se estrenó en septiembre de 2021 en el Festival Internacional de Cine de Venecia. En el festival, Zendaya desfiló por la alfombra roja con un vestido de cuero y un collar de esmeraldas y diamantes. *Dune* se estrenó en los cines y en la Internet en octubre de 2021.

Spider-Man: No Way Home se estrenó el 17 de diciembre de 2021. En el estreno, Zendaya lució un vestido marrón de Valentino que presentaba un diseño de telaraña hecho de cristales negros. *No Way Home* se convirtió en la película más taquillera de 2021 y en la sexta más taquillera de todos los tiempos.

La segunda temporada de *Euphoria* se estrenó en enero de 2022. Para la alfombra roja del estreno, Zendaya llevó un vestido de rayas blancas y negras de la colección de 1992 de Valentino. Zendaya impresionó a los espectadores con su actuación como Rue, la adolescente problemática. En febrero, HBO anunció que habría una tercera temporada de la serie.

Zendaya a menudo se describe a sí misma como una perfeccionista. En la revista *Interview,* dijo: "Siempre temo hacer cosas por miedo a no ser genial. Pero la única manera de llegar a ser grande es no tener miedo e intentarlo".

Todavía se considera una persona tranquila que prefiere quedarse en casa con su perro que ir a fiestas de Hollywood. Pero también sabe que puede usar su voz y su plataforma para ayudar a los demás. Zendaya espera que ver *Euphoria* ayude a la gente a entender a aquellos que sufren de adicción. Ha pensado en ser directora. Quiere contar más historias que se centren en las personas negras y quiere asegurarse de que Hollywood dé

Retribuir

Durante su carrera, Zendaya ha utilizado su éxito para ayudar a los demás, especialmente en su propio cumpleaños. Donó mochilas llenas de útiles escolares a niños en Oakland cuando ella cumplió

los quince y dieciséis años. Cuando cumplió los dieciocho, trabajó con ƒeedONE para recaudar dinero para alimentar al menos a 150 niños en Haití, Tanzania y Filipinas. Para los veinte, en 2016, trabajó para recaudar $50 000 para la Convoy of Hope's Women's Empowerment Initiative.

más oportunidades a las personas de las minorías.

En su discurso de aceptación del premio Emmy en 2020, Zendaya dijo que veía esperanza en los jóvenes. Pero también es una de las jóvenes dinámicas y talentosas que espera ayudar a que el mundo cambie.

Cronología de la vida de Zendaya

1996 — Zendaya Maree Stoermer Coleman nace el 1 de septiembre en Oakland, California

2004 — Se une a la compañía de hiphop Future Shock Oakland

2010 — Protagoniza el papel de Raquel "Rocky" Blue en la serie de Disney Channel *Shake It Up*

2011 — Lanza el sencillo "Swag It Out"

2012 — Protagoniza la película de Disney *Frenemies*

2013 — Aparece en *Dancing with the Stars*

— Lanza el álbum *Zendaya* en septiembre

2014 — Protagoniza la película de Disney *Zapped*

2015 — Protagoniza y produce el programa de Disney Channel *K.C. Undercover*

— Se gradúa de Oak Park Independent School

2017 — Interpreta a Michelle "MJ" Jones en *Spider-Man: Homecoming*

— Interpreta a Anne Wheeler en *The Greatest Showman*

2019 — Interpreta a Rue en la serie de HBO *Euphoria* y a MJ en *Spider-Man: Far from Home*

2020 — Gana el Emmy a la mejor actriz principal en una serie dramática

2021 — Interpreta a Chani en *Dune*

— Protagoniza *Spider-Man: No Way Home*

Cronología del mundo

1996 — Las Spice Girls lanzan su primer álbum, *Spice*, en el Reino Unido y Japón

1999 — Estreno de *SpongeBob SquarePants*

2001 — Los ataques terroristas del 11 de septiembre matan a 2996 personas en Nueva York, Pensilvania y Washington D. C.

2004 — Sale a la venta el Nintendo DS

2006 — Lanzamiento de la aplicación de Twitter

2007 — Comienza la Gran Recesión en Estados Unidos en diciembre

2011 — Lanzamiento del videojuego *Minecraft*

2013 — Bombas terroristas en el maratón de Boston matan a 3 personas y hieren a 264

2016 — Gran Bretaña acuerda abandonar la Unión Europea en un proceso conocido como Brexit

2017 — El huracán Harvey devasta partes de Texas y Luisiana

2019 — Científicos capturan las primeras imágenes de un agujero negro en el espacio

2020 — Comienza la pandemia de COVID-19

2021 — El actor William Shatner se convierte en la persona de mayor edad en volar al espacio, con noventa años

2022 — Rusia invade Ucrania

Bibliografía

"Actually Me: Zendaya Responds to Fans on the Internet." *GQ*.
February 2021. YouTube video, 11:12. https://www.youtube.
com/watch?v=buMCmzXJUxo.

Aguirre, Abby. "Zendaya Talks *Spider-Man*, Her First Love, and
Reinventing Disney Stardom." *Vogue*. June 15, 2017. https://
www.vogue.com/article/zendaya-interview-july-vogue-
cover-spider-man-homecoming.

Chalamet, Timothée. "Bow Down, It's Zendaya." *Elle UK*.
October 11, 2020. https://www.elle.com/uk/life-and-culture/
culture/a34617948/zendaya-december-cover-interview/.

Cullors, Patrisse. "Zendaya on Where We Go from Here." *InStyle*.
August 6, 2020. https://www.instyle.com/celebrity/zendaya-
september-2020-cover.

Domingo, Colman. "Zendaya Tells Colman Domingo How She
Found New Purpose." *Interview*. December 7, 2021. https://
www.interviewmagazine.com/culture/zendaya-tells-colman-
domingo-how-she-found-purpose.

Jackson, Dory. "Zendaya Admits to Feeling a 'Heavy Responsibility'
to Represent Black Women in Hollywood." *Us Weekly*. June 25,
2020. https://www.usmagazine.com/celebrity-news/news/
zendaya-feels-a-heavy-responsibility-to-represent-black-
women/.

Janiak, Lily. "Zendaya Was a Shy, Quiet Child. Bay Area Theater Showed Her a Path to 'Euphoria.'" *San Francisco Chronicle Datebook*. November 4, 2020. https://datebook. sfchronicle.com/theater/zendaya-was-a-shy-quiet-child-bay-area-theater-showed-her-a-path-to-euphoria.

Meltzer, Marisa. "'There's So Much I Want to Do': The World According to Zendaya." *British Vogue*. September 6, 2021. https://www.vogue.co.uk/news/article/zendaya-british-vogue-interview.

Mendoza, Paola, director. "Z for Zendaya." I Am an Immigrant. June 9, 2015. YouTube video, 3:49. https://www.youtube. com/watch?v=ZAERsh8e7IU.

Peone, Vince, director. "73 Questions with Zendaya." *Vogue*. May 31, 2019. YouTube video, 12:12. https://www.youtube. com/watch?v=MGO4_8YRKro.

Sandell, Laurie. "Zendaya Explains the Real Reason She Came Back to Disney." *Cosmopolitan*. June 2, 2016. https:// www.cosmopolitan.com/entertainment/news/a59215/ zendaya-july-2016/.

Siegel, Elizabeth. "Zendaya Opens Up About Her Buzzy 'Spider-Man' Role, Cultural Appropriation, and Her Future with Disney." *Allure*. December 13, 2016. https://www.allure.com/ story/zendaya-disney-cultural-appropriation-interview.

Williams, Kam. "Zendaya: Shaking It Up." *Bay State Banner*. August 31, 2011. https://www.baystatebanner.com/2011/08/31/the-young-actress-talks-about-her-hit-sitcom-and-living-her-childhood-dreams/.